1897

Quillard, Pierre - Margery, Louis

La Question d'Orient et la politique personnelle de M. hanotaux, ses résulatats en dix-huit mois, les atrocités

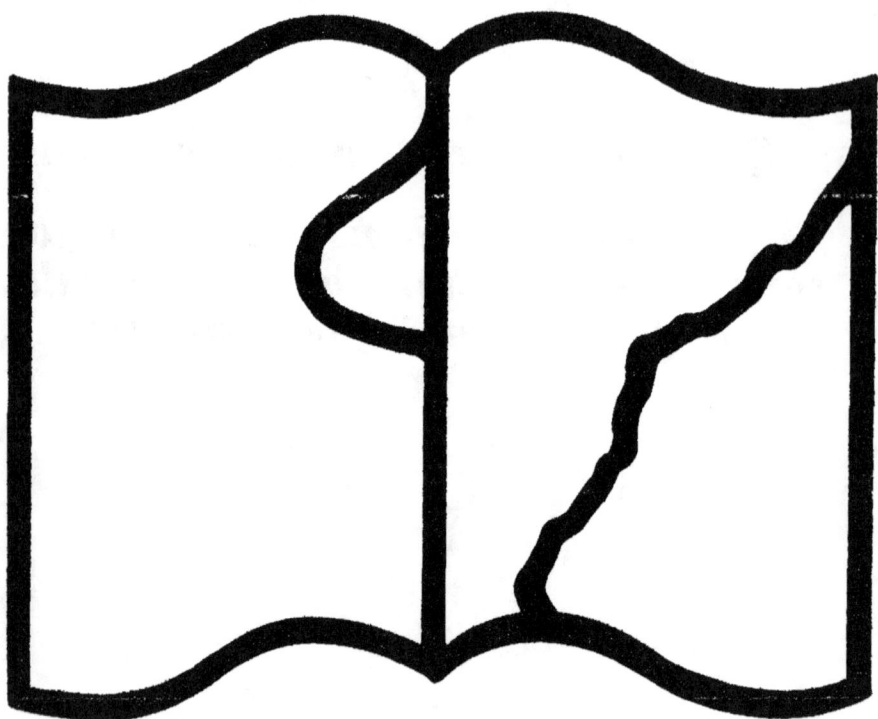

**Symbole applicable
pour tout, ou partie
des documents microfilmés**

Texte détérioré — reliure défectueuse

NF Z 43-120-11

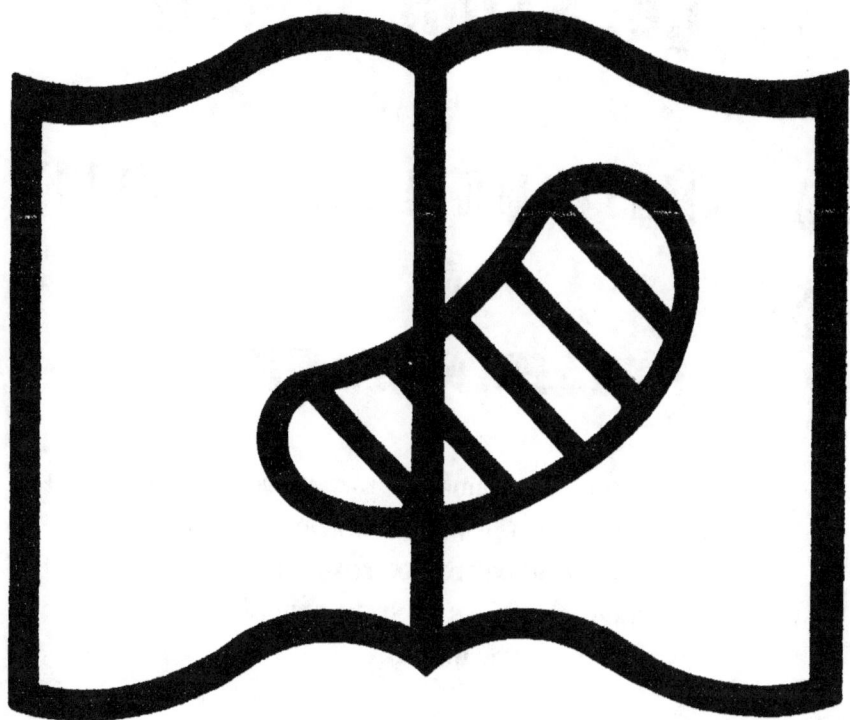

Symbole applicable
pour tout, ou partie
des documents microfilmés

Original illisible

NF Z 43-120-10

PIERRE QUILLARD & LOUIS MARGERY

LA QUESTION D'ORIENT

ET

LA POLITIQUE PERSONNELLE

DE

M. HANOTAUX

SES RÉSULTATS EN DIX-HUIT MOIS. — LES ATROCITÉS ARMÉNIENNES.
LA VIE ET LES INTÉRÊTS DE NOS NATIONAUX COMPROMIS.
LA RUINE DE LA TURQUIE.
L'IMMINENCE D'UN CONFLIT EUROPÉEN.
LES RÉFORMES.

PARIS

P.-V. STOCK, ÉDITEUR

(Ancienne librairie TRESSE et STOCK)

8, 9, 10, 11, GALERIE DU THÉÂTRE-FRANÇAIS

PALAIS-ROYAL

1897

LA QUESTION D'ORIENT

ET

LA POLITIQUE PERSONNELLE

DE

M. HANOTAUX

PIERRE QUILLARD & LOUIS MARGERY

LA QUESTION D'ORIENT

ET

LA POLITIQUE PERSONNELLE

DE

M. HANOTAUX

SES RÉSULTATS EN DIX-HUIT MOIS. — LES ATROCITÉS ARMÉNIENNES.

LA VIE ET LES INTÉRÊTS DE NOS NATIONAUX COMPROMIS.

LA RUINE DE LA TURQUIE.

L'IMMINENCE D'UN CONFLIT EUROPÉEN.

LES RÉFORMES.

PARIS

P.-V. STOCK, ÉDITEUR

(Ancienne librairie TRESSE et STOCK)

8, 9, 10, 11, GALERIE DU THÉATRE-FRANÇAIS

PALAIS-ROYAL

1897

LA QUESTION D'ORIENT

ET

LA POLITIQUE PERSONNELLE

DE

M. HANOTAUX

LE SULTAN ET LE PALAIS
LA HIÉRARCHIE ADMINISTRATIVE

Depuis bientôt deux ans, une série d'événements tragiques ont attiré l'attention de l'Europe sur les affaires de Turquie : massacres d'Arménie, troubles en Crète, en Macédoine, en Syrie et dans l'Hedjaz. Pour comprendre les causes profondes de ces phénomènes politiques et juger l'attitude de notre diplomatie, il est nécessaire de se rendre compte d'abord de l'organisation du pouvoir dans l'Empire ottoman.

En haut, le Sultan, chef temporel et religieux ; à côté, deux lieutenants, l'un temporel (Grand Vizir), l'autre spirituel (Cheik ul Islam), puissances purement nominales, et le Grand Eunuque,

1

chef du Palais, puissance réelle. Tous trois ont le titre d'Altesse.

Le Sultan est, toujours et nécessairement, un personnage sans aucune hérédité intellectuelle en qualité de fils d'esclave, la loi même interdisant au souverain toute alliance avec une femme de condition moyenne, avec la fille d'un fonctionnaire, par exemple.

L'éducation, loin de remédier à cet atavisme fâcheux, ne fait, au contraire, qu'en exagérer l'influence. En effet, tous les mâles appartenant à la famille impériale sont considérés par le souverain en exercice comme des prétendants. Ils sont donc, de par ses soins, dépourvus de toute espèce d'instruction, livrés à la promiscuité des domestiques et des espions, séquestrés de tout rapport avec l'extérieur, privés de toute initiation aux affaires publiques, sous quelque forme que ce soit, méthodiquement abrutis par le harem prématuré.

Les faits autorisent, d'ailleurs, les sauvages mesures de défense, prises contre les successeurs éventuels, les frères ou les fils ne se faisant pas scrupule de profiter de la déposition de leurs parents et de la hâter au besoin (1).

(1) Le souverain actuel, Abd'ul Hamid II, règne depuis l'année 1876, succédant à son frère Mourad V, déposé violemment après quelques mois de règne, sous prétexte d'aliénation mentale, et qui avait lui-même été substitué à

Le genre de vie imposé ainsi à des individus déjà tarés par une hérédité presque morbide, détermine chez eux un état nerveux particulier, par l'appréhension perpétuelle d'une mort violente ou d'un empoisonnement ; ils en arrivent à redouter même un complot formé en leur faveur, à leur insu, et dont la découverte équivaudrait pour eux à une sentence de mort.

Voilà donc le personnage qu'une tragédie de Palais, ou bien rarement l'ordre normal de succession, porte brusquement au trône et met en pleine lumière, un peu dans la situation de Gaspard Hauser, que l'on le sortit de sa caverne. Effaré par sa toute-puissance même, il liquide avec brutalité tout le personnel gouvernemental antérieur, qu'il déteste naturellement et tient pour complice de sa séquestration. Le choix d'un personnel nouveau se trouve, par la force des choses, limité aux gens qu'il connaît, ou aux créatures de ceux-ci, c'est-à-dire à la domesticité (1).

---

son oncle Abd'ul'Azis, dans le courant de la même année, par une révolution de Palais, et le meurtre, qualifié de suicide, de son prédécesseur. — On ne sait pas si Mourad, qui fut séquestré dans un palais (Chéragan probablement), est actuellement vivant ou mort, sain ou fou.

(1) Un exemple entre mille et qui emprunte à son actualité un certain piquant : un rameur du prince Hamid, maintenant Sultan, fut, depuis l'avénement de celui-ci, promu capitaine de vaisseau. C'est à lui qu'on voulait confier le périlleux honneur de conduire à Kiel le cuirassé ottoman

Le Sultan sait, par l'expérience de ses prédécesseurs, quelles précautions minutieuses doivent présider aux choix de ceux qui l'entourent et l'approchent immédiatement. Il lui faut des créatures de toute confiance, des gens qui n'existent que par lui et dont il favorise l'immixtion intéressée dans toutes les affaires. Le plus infime des domestiques a une importance considérable : l'homme qui a fonction de présenter un verre d'eau au Sultan, et qui auparavant en boit un autre sous ses yeux, est qualifié Bey et Excellence.

L'importance de cette valetaille s'explique aisément : seuls, ceux qui la composent ont un accès direct et fréquent auprès du maître. Le Grand Vizir ne peut se présenter devant le souverain que s'il est mandé. En outre, quoique formant entre eux une espèce de syndicat d'intérêts, ils jouent fréquemment le rôle de délateurs vis-à-vis les uns des autres, pour se concilier à coup sûr la faveur spéciale du maître.

En dehors de ces domestiques, le Sultan ne voit directement que les innombrables femmes du Harem, femmes légitimes, concubines, esclaves proprement dites. Le Harem est recruté, unique-

destiné à prendre part aux fêtes navales. Inutile d'ajouter que le bâtiment n'a pu quitter la Corne-d'Or. Le yacht impérial envoyé a dû défiler remorqué par deux torpilleurs allemands.

ment au poin le vue de la beauté plastique, surtout parmi les Tcherkesses nomades (1). Les femmes du Palais prennent donc, elles aussi, une influence très grande et, avec elles, les eunuques chargés de les surveiller, et qui entrent seuls au Harem, à l'exclusion de tout mâle non mutilé. Les eunuques, tant parce qu'ils gardent le Sultan pendant son séjour au Harem, que parce qu'ils s'attirent par de menues complaisances la protection des toutes-puissantes sultanes, deviennent à leur tour des personnages prépondérants.

Tel est, dans le Sultan, l'homme intime. Voyons maintenant comment et dans quelles conditions s'exerce son action publique.

Il est maître absolu de l'ensemble et du détail : Il faut un « iradé (2) », aussi bien pour que les pompiers soient autorisés à se porter au secours d'un incendie, que pour mobiliser un corps d'armée ou révoquer le Grand Vizir.

Il est informé de ce qui se passe par une nuée d'espions réguliers ou bénévoles, et la faveur, dont jouissent ces individus, s'explique par la nécessité de parer toujours à un complot éventuel; aussi sont-ils récompensés même pour des déla-

---

(1) « Notre plus sûre défense, ce sont les cuisses de nos femmes. » (Proverbe tcherkesse.)

(2) « Iradé », ordre oral du Sultan. — « Firman », ordre écrit. — « Fetwa », se dit d'un rescrit du Cheik ul Islam.

tions mensongères (1). Il arrive ainsi que le Sultan
lise, dans une seule journée, plus de deux cents
rapports, souvent contradictoires. Aussi, bien qu'en
apparence il décide et fasse tout par lui-même,
ce n'est, en réalité, qu'un pitoyable fantoche dont
l'entourage tient les ficelles.

En effet, on lui transmet seulement les rapports
qui ne déplaisent pas aux intermédiaires, c'est-à-
dire aux secrétaires et aux chambellans. Les autres sont dénaturés, surtout quand ils doivent être
traduits d'une langue étrangère, retardés ou sup-
primés, sans qu'il soit possible d'établir un contrôle quelconque.

De là l'impossibilité de traiter une affaire financière ou autre, sans que l'entourage immédiat du
souverain y soit intéressé. Cet entourage forme,
comme nous l'avons déjà dit, un véritable syndicat.
Naturellement, la considération du bien public ne
peut entrer en ligne de compte dans ces conditions, et l'intérêt personnel reste le seul mobile.
Aussi, toutes les entreprises tentées en Turquie
sont-elles généralement désastreuses pour le pays.
Par contre, le trafic, effectué au Palais, est des

(1) Encore un exemple récent: Hamdi bey, directeur du
musée, fut accusé, l'an passé, d'avoir vendu, à l'étranger,
une amphore d'argent. Il fut assez habile pour démontrer
son innocence. Son calomniateur fut décoré; mais Hamdi
bey reçut comme compensation..... la concession d'un funi-
culaire !

plus avantageux, car les chambellans, qui touchent de 10 à 60 L. T. par mois (9 à 1,400 francs), arrivent à économiser plusieurs millions chaque année.

Quand un favori devient assez puissant pour accaparer toute la faveur du Maître, avec les bénéfices qui en découlent, sans faire une part à la rapacité des autres, il s'attire l'inimitié de toute la bande.

Ce favori en titre jouit de la toute-puissance, et la crainte qu'il inspire est telle, qu'on lui obéit tout en le détestant. Celui qui occupe actuellement cette situation enviée, est *le fameux Izzet bey, Syrien méprisé de ses compatriotes, d'aspect crapuleux, et dont le corps et les mains sont couverts de tatouages.* Il s'est fait bien venir du Sultan par l'extraordinaire réussite des mesures violentes qu'il l'engagea à prendre, au mépris des traités et des ambassades. C'est lui qui a inauguré l'ère des grands massacres régulièrement organisés, et des vexations systématiques à l'égard des Européens, massacres et vexations en présence desquels les légations se trouvent de jour en jour plus désarmées. Izzet bey, au reste, est également odieux aux Turcs, qu'il opprime et ruine, et aux fonctionnaires du Palais, dont il accapare pour lui seul les revenus accoutumés.

On objectera ici l'existence, à côté du Palais,

de deux fonctionnaires, tenus en Europe pour très importants : le Grand Vizir et le Cheik ul Islam. Le Cheik ul Islam, lieutenant du Padischah en ce qui concerne les questions religieuses, jouit, en effet, d'une autorité nominale considérable ; un fetwa de lui peut déposer le Sultan, qui l'a choisi et nommé et peut le révoquer. Aussi est-il l'objet d'une surveillance toute particulière, et lui advient-il, en cas d'inquiétudes plus ou moins justifiées du maître, d'être retenu au Palais, prisonnier de fait, pendant des semaines entières. Si la pureté de ses intentions à l'égard du souverain devient douteuse, celui-ci peut, à son gré, le prévenir en le destituant, ou mieux, en le faisant disparaître d'une façon moins éclatante et plus sûre.

Quant au Grand Vizir, c'est un personnage purement décoratif. Il prend une part si médiocre aux affaires publiques, qu'on néglige même souvent de le consulter, et que les drogmans des ambassades jugent plus expédient de s'adresser directement au Palais.

Des autres ministres, on ne parle même pas, non plus que du Conseil d'État. Ils ne sont influents qu'en proportion des protections personnelles qu'ils peuvent entretenir dans le monde du Palais par leurs complaisances et leur générosité.

Les Turcs, continuant à vivre en conquérants dans le pays qu'ils occupent, sont tous fonctionnaires, soldats ou prêtres, et, en cette qualité, émargent au budget. La modicité des appointements et l'irrégularité des paiements les obligent à demander des ressources extraordinaires aux pots-de-vin et à la concussion qui, dans ce pays, ne sont point considérés comme infamants. Ces pratiques administratives font comprendre à quelles difficultés on se heurtera pour établir une réforme et un contrôle sérieux.

Le grand commerce et l'industrie sont presque exclusivement aux mains des Européens. Le petit commerce (1), le change et l'agriculture sont exercés par les raïas (Chrétiens sujets turcs), Arméniens en Anatolie, Grecs en Roumélie.

SITUATION ACTUELLE
LES MASSACRES
INSÉCURITÉ DES EUROPÉENS

C'est dans ces conditions gouvernementales, et à l'instigation évidente du Palais, que se produisirent, pendant plusieurs années, des violences sans nom dans la perception des impôts, des

(1) Au cours des derniers massacres, le pain a manqué à Constantinople, presque tous les boulangers étant Arméniens.

1.

attentats partiels contre les personnes et les propriétés, puis *des massacres qui, de juillet 1894 au 5 novembre 1896, ont fait* **cent trente mille** *victimes.*

L'état lamentable de l'Arménie était déjà connu depuis longtemps par les rapports consulaires. Mais la crainte d'un conflit européen engageait les ambassadeurs à fermer les yeux. On n'introduisit d'action diplomatique que sous le coup des événements du Sassoun, révélés en novembre 1894. Après enquête (1), les représentants des puissances présentèrent un projet de réforme qu'elles soutinrent sans énergie et sans conviction.

Dans l'espoir d'apitoyer la colonie européenne et de triompher de cette inertie, en rendant les légations étrangères spectatrices des atrocités qu'on leur fait subir, les Arméniens organisèrent la manifestation pacifique du 30 septembre 1895. Cette démonstration fut étouffée dans le sang et coûta la vie à cinq ou six cents personnes dans

(1) L'enquête révéla les excès et les cruautés qui sont devenus classiques. Dès ce moment, la France, la Russie et l'Angleterre étudièrent un projet de réformes, qui aboutit au mémorandum du 11 mai 1895. Le mémorandum, très modéré, demandait en fait l'établissement d'un contrôle européen sur l'administration supérieure dans les vilayets mixtes d'Anatolie : il fut repoussé. Les ambassades réclamèrent aussi à plusieurs reprises et sans succès, le désarmement des brigands kurdes, enrégimentés sous le titre de cavalerie hamidieh, et qui ont joué dans les massacres le triste rôle que l'on sait. (Cf. discours de M. Hanotaux, 3 novembre 1896.)

Constantinople. Une démarche collective des ambassades fit, à cette époque, cesser la tuerie dans la capitale; mais, pendant trois mois, l'Anatolie entière fut ensanglantée.

Dès ce moment, *le désaccord était visible entre les Puissances qui toléraient de telles monstruosités;* et le Palais comprit que les ambassades deviendraient bientôt incapables de protéger même leurs nationaux. La France devait, en effet, peu de temps après, perdre sa royale influence dans le Levant.

Avant cette époque, — et, pour ne pas remonter trop haut, *nous ne citerons que des faits antérieurs de moins d'un an aux massacres du 30 septembre 1895,* — avant cette époque, les moindres vexations, commises à l'égard d'un Français par les fonctionnaires ottomans, étaient suivies de réparations éclatantes. Ainsi la Compagnie Paquet reçoit une indemnité de 18,000 francs pour un retard de quelques heures, causé à l'un de ses bateaux par la fantaisie d'un policier turc. S'il s'agit d'une affaire plus grave, l'aviso stationnaire, armé en guerre, appuie les réclamations et tout est réglé sans aucune difficulté par cette attitude comminatoire (1). Un de nos agents se trouve-t-il menacé?

1) *Affaire d'Ismidt.* — Le Mutessarif (préfet) d'Ismidt avait envahi le domicile des Pères Assomptionnistes, et frappé l'un d'entre eux, qui vint se plaindre à l'ambassade. M. Cambon donna ordre à l'aviso stationnaire « Pétrel »

La tête du gouverneur de la province répond de la
personne de notre représentant (1).

La gravité de ces interventions réitérées, dans les-

d'appareiller le soir même, de ramener à Ismidt l'assomp-
tionniste violenté, et d'employer au besoin la force en cas
de résistance. Le lendemain matin, le Père rentra dans son
couvent, escorté par le commandant et l'état-major du
« Pétrel », et reçut, en leur présence, les excuses du Mutessarif, qui fut destitué le soir même. Depuis cette époque, les
Pères d'Ismidt n'ont eu à se plaindre d'aucune vexation.

Affaire des Quais. — Les quais de Constantinople ont été
établis par une Société française. Quand celle-ci voulut les
inaugurer, les mahonniers turcs, lésés dans leurs intérêts,
empêchèrent par la force l'accostage d'un bateau des
Messageries. A cette nouvelle, M. Cambon donna ordre
au « Pétrel » de se mettre à quai et, devant la foule menaçante, le commandant fit faire le branle-bas de combat.
Le Palais informé, et comprenant la gravité des événements
qui pourraient se produire, fit immédiatement disperser les
manifestants, et dès lors les bateaux accostèrent sans
encombre.

Il y a quelques mois, les Anglais, dans une affaire analogue, employèrent des moyens semblables avec le même
succès.

(1) *Affaire de Diarbékir.* — Au cours des massacres de
Diarbékir (14 novembre 1895), sept cents Arméniens s'étaient
réfugiés dans le consulat de France. Le vali de Diarbékir,
Aniz pacha, fit prévenir notre consul, M. Meyrier, que sa
vie courait des risques s'il n'expulsait pas les Arméniens.
Le consul refusa et adressa à l'ambassade un télégramme
terminé par ces mots : « Sauvez-nous ! » M. Cambon reçut
le télégramme dans la nuit et l'envoya au Palais, séance
tenante, annonçant que la tête du vali répondait de la vie
du consul et de ses protégés. Le lendemain matin, les
troubles sanglants de Diarbékir cessaient, comme ils
avaient commencé, sur un ordre du Palais.

M. Meyrier a été décoré le 14 juillet dernier « pour avoir
fait preuve du plus courageux dévouement ». (*Journal
officiel.*)

quelles la moindre résistance eût entraîné une violation de territoire (casus belli), n'a point troublé la tranquillité de l'Europe, ni compromis l'intégrité de l'Empire ottoman. L'expérience prouve que la Porte se soumet aisément et obéit à un langage énergique, énergiquement appuyé. L'Oriental ne respecte que la force et n'a aucun respect de la foi jurée (1). Notre diplomatie raisonneuse et timide n'obtiendra que des promesses, prodiguées en toute occasion et qui n'ont jamais reçu même un commencement d'exécution.

Depuis, la situation a totalement changé. Encouragé par la torpeur complète de nos représentants, le Palais s'est permis les actes les plus extravagants : on en est venu, par exemple, à réclamer que les approvisionnements de guerre, expédiés à nos stationnaires, fussent confiés pour leur transbordement aux canots de l'Amirauté ottomane. Nous avons naturellement refusé de confier à la garde de la Porte nos cartouches Lebel et nos

---

(1) D'après le Coran, la parole donnée à un chrétien n'a aucune valeur. Pour en citer un exemple caractéristique, Saïd pacha vint un soir, à six heures, annoncer aux ambassades que le mémorandum était accepté. Quatre heures plus tard, il revenait dire que le Sultan avait changé d'avis et reprenait sa parole. Mais on se garde généralement de faire part au public européen de ces étranges revirements d'opinion, et on lui communique seulement de bonnes promesses, telles que celles qu'on lui prodigue depuis vingt ans et qui n'ont jamais été tenues.

obus à la mélinite, dont elle désirait quelques
échantillons, et de nous en rapporter aux Turcs pour
nous remettre les armes destinées à les châtier.
D'autre part, ce sont chaque jour des vexations
nouvelles infligées à nos nationaux, exigences illé-
gales et intolérables de l'administration des
douanes, arrestations arbitraires, saisies de sacs de
dépêches, violations des contrats passés avec des
Français (1.

(1 *Douanes de Mondania.* — Le directeur de la douane de
Mondania avait été l'objet de plaintes multiples de citoyens
ou de protégés français, et des rapports avaient été adressés
à ce sujet à l'ambassade, qui ne put rien obtenir contre ce
fonctionnaire, protégé du Palais. Le vali, gouverneur de la
province, qui avait demandé la destitution de ce subor-
donné, fut lui-même révoqué peu après.

Hôpital français de Constantinople. On n'a pas encore
pu obtenir, depuis dix huit mois, la restitution des sommes
consignées en douane par le gouvernement français, pour
l'entrée des matériaux de construction du nouvel hôpital de
Péra.

Affaire Rouet. — Le fils d'un de nos drogmans d'ambas
sade, M. Rouet, fut arrêté et frappé par des soldats qui le
dévalisèrent en plein jour et près d'un corps de garde.
M. Cambon exigea et obtint satisfaction dans ce cas.

Affaire du Lazariste de Brousse. — Dans un fait analogue à celui d'Ismidt, mais postérieur, l'attitude de l'ambassade fut toute différente. Un lazariste avait été rossé
par un mahométan. Celui-ci fut condamné à trois mois de
prison, mais relâché le lendemain de sa condamnation, et
il était encore en liberté six semaines après.

Violations de contrats. — Le consulat poursuit et con-
damne les Français qui violent leurs contrats avec le gouvernement ottoman, mais se refuse à toute réclamation
contre celui-ci s'il rompt l'engagement.

Impunité absolue des assassins. — Lorsqu'un Européen est

Emus de cette arrogance croissante, *les ambassadeurs étaient prêts, quant à eux, à exiger des réparations.* **Mais l'administration des affaires leur
fut retirée, « parce que l'on craignait qu'ils ne
manquassent de calme »,** *et les Cabinets se chargè-
rent d'en traiter directement avec la plus timide
indifférence.* Les Turcs furent désormais rassurés.

Aussi, vers le milieu d'août 1896, on vit débarquer à Constantinople cinq mille brigands kurdes
hamidiehs. Une protestation timide des ambassades obtint une réponse ironique, et les Hamidiehs,
accueillis avec honneur, furent installés dans une
caserne de la ville. Puis, ce fut une immigration
quotidienne de Kurdes et de Lazes, dont la présence n'était pas justifiée par des travaux éventuels,
vu le déplorable état économique de la capitale.
Leur véritable destination ne fut réellement connue
qu'une heure après l'attentat de la Banque ottomane (27 août 1896). On les retrouve alors, embri-
gadés et guidés par des agents de police, ou même
des aides de camp du Sultan en tenue, obéissant,
pour se rassembler, aux coups de sifflet de ceux-ci.
Pendant deux jours, les quartiers européens, envahis

---

assassiné, si les ambassades obtiennent des poursuites, ce
n'est qu'une comédie judiciaire. On laisse libre le véritable
assassin et on fait comparaître un comparse qui, n'étant
reconnu par aucun des témoins, est condamné à mort et
gracié immédiatement et officiellement par le Sultan. (Assassinat de Pancaldi : 17 personnes tuées ou blessées. — Assassinat de Béchiktache : 2 personnes tuées en public.)

par ces bandes kurdes, furent le théâtre de pillages et de massacres, effectués par elles, sous la protection de la police.

Encouragé par l'indifférence et l'inaction des légations étrangères, l'audace du Palais ne connut plus de bornes. Généralement, on se contentait de faire redouter aux Européens les conséquences terribles que pouvait avoir pour eux le soulèvement éventuel des fanatiques surexcités par l'arrivée d'une escadre. Cette fois, les Turcs firent mieux. Une batterie d'artillerie fut postée à Chichli, et braquée sur Péra; on voulait faire comprendre manifestement aux Européens qu'une intervention des flottes serait le signal d'un carnage général de chrétiens, auquel la troupe prendrait part.

Les ambassadeurs sentirent qu'il n'y avait plus de sécurité, même pour leur personne. Ils firent débarquer des marins des stationnaires pour garder leurs palais. Il fallait agir à tout prix. Une démarche tardive (1), mais énergique, fut faite, et, quelques heures plus tard, les bandes kurdes désarmées avaient évacué Péra.

Cependant, la colonie française, alarmée, avait signé une pétition, afin d'obtenir pour elle des me-

(1) Nous n'incriminons pas ici la conduite de nos agents diplomatiques, qui firent preuve du plus grand courage personnel, mais se trouvaient absolument paralysés par les ordres formels du pouvoir central.

sures de protection. Le Ministre a paru ignorer
l'existence de cette pièce, qui a dû lui être trans-
mise par l'ambassade, et aucune mesure n'a été
prise pour y donner suite. Nous n'allons pas jusqu'à penser que ce soit sur la demande de notre
Ministre que le Sultan fit assurer l'ordre dans les
rues des quartiers européens par des patrouilles de
kurdes Hamidiehs. Les souvenirs qu'évoquait le
passage de ces sinistres cavaliers n'étaient point de
nature à rassurer.

Des scènes sanglantes, survenant à tout moment,
faisaient craindre un renouvellement ou une recru-
descence des tueries. La conscience de leur insécurité empêchait les Européens de se risquer hors de
leurs maisons ; tous ceux que des intérêts graves
ou une situation officielle ne retenaient pas en Turquie fuyaient par toutes les voies ouvertes. Les
trains et les bateaux étaient pris d'assaut et les
moindres coins disputés à prix d'or.

Les familles des agents diplomatiques accrurent
encore la panique en émigrant à leur tour. Pendant deux mois, Constantinople eut l'aspect d'une
ville abandonnée, d'une ville morte où passaient
seulement les lourdes patrouilles des soldats et
les faces hagardes des Kurdes, désarmés, mais
toujours menaçants.

Tel était l'aspect de la ville européenne. Dans
les quartiers mahométans et dans la banlieue

(Eyoub, Scutari, Cartal, etc.), la population turque avait recueilli chez elle les Arméniens alarmés, et les *imams* (prêtres) avaient pris l'initiative de les protéger. Aussi, dans ces quartiers, pas un seul Arménien ne fut inquiété. Nous insistons sur l'importance capitale de ce fait qui prouve *qu'il ne s'agit pas là, comme l'a écrit M. Hanotaux (Revue de Paris, 1ᵉʳ décembre 1895), « d'un de ces mille incidents de la lutte entre chrétiens et musulmans », et que le fanatisme n'est point en jeu. Le Palais seul avait organisé les massacres, en a donné le signal et assuré l'exécution;* aussi n'a-t-il pas tardé à sévir (1) sur les personnages assez courageux pour s'être opposés à l'exécution de ses ordres.

Les Européens, témoins de ces faits, certains que, malgré leurs requêtes, le gouvernement fran-

1) En aucun point, la population turque n'a pris part aux tueries. Elle méprise profondément les Kurdes, « brigands, impies », au service du Palais. « Aucun bon mahométan, disent les Turcs, ne saurait approuver le massacre d'hommes paisibles, à plus forte raison y prendre part. » — Cf. les protestations de l'imam de Sainte-Sophie auprès des ambassades.

Le gouverneur d'Eyoub, arrêté pour avoir empêché l'invasion du quartier saint par les bandes kurdes, ne fut relâché que trois jours après, sur la réclamation menaçante de l'imam de la mosquée sainte d'Eyoub, où sont déposés le sabre et l'étendard de Mahomet. — Une dépêche récente annonce l'arrestation du maréchal Fuad, qui protégea Scutari et Cadikeui.

çais n'a pris et ne veut laisser prendre (1) aucune mesure efficace pour la protection de leur vie et de leurs biens, sont maintenus dans une perpétuelle inquiétude par les événements ultérieurs. Des excitations fréquentes sont adressées à la population musulmane dans les mosquées, ou par voie de presse. Les Arméniens, d'autre part, exaspérés par l'inertie des puissances, menacent (proclamation d'octobre 1895) de compromettre, le cas échéant, les Européens eux-mêmes. Le mécontentement universel permet à une puissance malintentionnée, s'il s'en trouve, de susciter une bagarre sanglante qui obligerait à une intervention et pourrait amener une guerre générale. Enfin, Izzet bey lui-même a tout intérêt à provoquer un massacre et par suite une intervention, la coutume étant, quand on dépose un Sultan, d'assurer la vie et les biens des ministres et secrétaires en exercice, même contre les rancunes et les légitimes représailles du peuple.

La situation, dangereuse pour les Européens, est intolérable pour les Turcs. Les deux tiers de ceux-ci, nous l'avons dit, émargent au budget en qualité

---

(1) Le gouvernement français autorise la police turque à confisquer les revolvers dont nos nationaux sont trouvés porteurs. — L'importation des carabines est interdite en Turquie. Non content d'abandonner notre colonie, le gouvernement lui enlève ses faibles moyens de défense.

de fonctionnaires, de prêtres ou de soldats, et c'est là leur seule ressource.

Or, la crise économique a atteint son paroxysme. Les impôts qui pèsent sur l'agriculture atteignent 70 à 80 p. 100 du revenu de la terre et ne peuvent être payés qu'en argent. La récolte ne peut être levée avant que le paysan n'ait acquitté l'impôt foncier. Le cultivateur vit uniquement du produit de sa terre, et ne possède pas d'espèces monnayées. Si la récolte n'est pas vendue par avance, il est donc forcé de l'abandonner et de la laisser pourrir sur place, l'État ne prenant pas la charge de la recueillir.

Aussi, des terres, de la fertilité desquelles on ne peut se faire aucune idée sans avoir visité le pays, sont transformées en de vastes déserts qui s'étendent sur des centaines de kilomètres.

Les malheureux, qui persistent à cultiver quelques parcelles de terre pour se nourrir, sont la proie des fonctionnaires dont la misère accroît la rapacité. Heureux encore si, après les avoir dépouillés, on ne les jette pas en prison sous le plus futile prétexte, afin de s'assurer leur silence. Qui donc entendrait leurs plaintes? Les fonctionnaires ne sont-ils pas tous nommés par les domestiques du Palais ou par une de leurs créatures?

L'Anatolie, dont les revenus fiscaux étaient considérables, a été désertée par ses seuls producteurs, les Arméniens. Ceux qui n'ont pu la quitter sont morts ou restent sous la menace continuelle d'un nouveau massacre.

En détruisant les Arméniens, les Turcs ont détruit les esclaves et les bêtes de somme qui fertilisaient leurs terres. Les tributs exorbitants que l'on exigeait d'eux, la rapacité des fonctionnaires, l'insécurité même pour leurs personnes, ont découragé les autres. L'agriculture est morte en Turquie, et avec elle disparaît la principale source des recettes budgétaires.

En outre, la fuite à l'étranger des plus riches familles arméniennes a enlevé depuis six mois, 30 à 40 millions au moins d'or limpide (1).

A Constantinople, aussi bien que dans l'intérieur du pays, les étrangers, qui affluaient de tous les points du monde, faisaient vivre un grand nombre de commerçants, presque toujours européens. Ceux-ci ont renoncé à visiter en touristes une contrée où l'on est aussi exposé et aussi peu protégé qu'au centre de l'Afrique. C'est la ruine d'innombrables hôtels, de tous les marchands de tapis et

(1. Les consulats ont fourni des passeports à 12,000 Arméniens dont ils ont protégé la fuite à l'étranger. On a constaté que chacun d'eux emportait un pécule de 40 à 50 livres. Beaucoup d'autres ont émigré sans papiers. La Bulgarie seule a reçu 15,000 Arméniens. Si l'on compte, en outre, les familles riches qui ont déserté le pays, on verra que notre évaluation est au-dessous de la vérité.

de curiosités. *Nos nationaux, maintenant sans défense contre les vexations des fonctionnaires et des
exigences arbitraires des douanes, ont vainement
sollicité la prise de mesures garantissant leur existence; ils suspendent leur négoce, liquident et, s'ils le
peuvent, abandonnent la Turquie.* Cette paralysie
complète des transactions qui augmente fatalement
de jour en jour, provoque un déficit considérable
dans le produit des douanes (8 p. 100 *ad valorem*
sur tout objet importé, 1 p. 100 sur l'exportation).
qui était, avec l'agriculture, le revenu le plus considérable et le plus fixe de l'Empire.

Nous ne parlons pas de quelques recettes moins
importantes, péages des ponts, impôts sur la
propriété bâtie, etc., qui subissent des diminu-
tions corrélatives, mais moins marquées. Leur
quotité est trop faible pour entrer en ligne de
compte.

La plupart des autres revenus sont aliénés et
servent de garantie soit à la Dette publique (salines,
pêcheries, alcools, part dans la Régie, etc...). soit
à des emprunts particuliers. Les arnams (impôts
sur les moutons) sont encore à peu près intacts.
Ceux de Smyrne seuls sont engagés. Le produit
de cette taxe est très élevé, car le mouton constitue
en Orient une des bases de l'alimentation. Mais la
perception en est très difficile en beaucoup de
point (Hedjaz, Yémen, vilayet de Bagdad, etc.), et

les nombreux troupeaux d'Arménie ont été détruits.

L'établissement de monopoles permettrait au gouvernement ottoman de combler momentanément une partie du vide de ses caisses. Mais, en vertu des capitulations, on ne peut créer de monopole sans l'assentiment de toutes les puissances, condition difficile à réaliser.

Les finances de l'Empire, fortement compromises (1) par la diminution considérable du pro-

(1) Le gouvernement ottoman, aux abois, doit à tout prix contracter un emprunt. Mais les puissances se refusent à le garantir, et la mauvaise foi orientale écarte les banquiers sérieux. On sait, en effet, que le gouvernement turc, dont M. Hanotaux veut si passionnément faire respecter les prérogatives souveraines, ne se fait pas scrupule de percevoir pour son compte les taxes engagées en garantie.

Un emprunt-gage sur les *Arnam* et les revenus de la douane a été tenté sans succès, l'an passé, par M. E. Vincent, directeur de la Banque ottomane.

Dans quelles conditions désastreuses la Turquie trouvera-t-elle à engager ses dernières ressources? Plus la détresse publique augmente, plus les exigences des fins, soi-disant sauveurs, s'accroissent, plus il leur est permis de requérir pour leurs nouveaux services des taux usuraires. *Ainsi la mort violente de plus de cent trente mille hommes, la ruine totale d'un pays, le sacrifice de la vie et des intérêts de nos nationaux, peut-être un conflit européen, auront eu pour seul motif de satisfaire les appétits de quelques insatiables pirates.*

La manière la plus simple de rétablir les finances turques serait que le Sultan, possesseur d'une fortune personnelle de deux milliards, avançât à son peuple les cinquante millions nécessaires, donnant ainsi une nouvelle preuve de ses qualités réelles de douceur et de générosité que M. Hanotaux estime à si haut prix. (Cf. *Revue de Paris*, 1er décembre 1895.)

duit des impôts, se trouvent encore grevées de dépenses supplémentaires.

Les troubles qui se produisent journellement sur les différents points de l'Empire ont nécessité la mobilisation de 80,000 rédifs (réserve) que l'on peut ne pas payer, mais dont l'équipement et la nourriture entraînent des frais considérables.

De tous côtés, chrétiens, musulmans, druses, en Crète comme à Bagdad, dans l'Yémen comme en Arménie et en Macédoine, les peuples torturés, pressurés, réduits à la misère et à la famine, cherchent, dans une lutte désespérée et inégale, une dernière chance de salut.

Mais, couvert par notre protection, le Palais crée chaque jour, par sa tyrannie, de nouveaux mécontentements, et son insatiable avidité jette sans cesse de nouvelles recrues dans le camp des misérables que la ruine et la faim mettent dans l'alternative d'une mort cruelle ou de la révolte...

Le temps est proche où, harcelé de toutes parts, le gouvernement turc fera vainement appel à ses dernières forces et succombera sous le flot des haines et des colères suscitées par le Palais. Pour éviter alors le démembrement de l'Empire, il faudra **que la France subisse la honte de prêter main-forte aux bourreaux contre leurs victimes.**

Ou bien, résignés au morcellement du territoire ottoman, **nous assisterons à la conséquence fatale**

de la conduite de M. Hanotaux : l'échec de notre
politique traditionnelle dans une catastrophe
sans honneur et sans profit.

LES RÉFORMES

Tout ce que nous avons dit du régime gouvernemental, auquel est soumise la Turquie, fait pré-
sumer quelles réformes essentielles sembleraient
désirables pour sauver de la ruine ce malheureux
pays : limitation du pouvoir du Sultan, suppression de l'influence du Palais et par là de l'arbitraire
administratif et fiscal, institution d'un ministère
responsable devant les puissances et protégé par
elles, représentation nationale permettant aux
doléances publiques de se faire entendre, suppression des cinq sixièmes des fonctionnaires inutiles,
responsabilité des fonctionnaires garantissant la
sécurité des personnes et des biens et la perception
normale de l'impôt, relèvement des finances
turques qui rendrait sa fécondité à la principale
source des revenus publics, c'est-à-dire à l'agriculture, à l'aide de dégrèvements et du paiement
facultatif des taxes en nature et non en argent, contrôle des recettes et des dépenses, généralisation du
service militaire qui ne laisserait pas entièrement

désarmée toute la partie chrétienne de la population.

Ce sont là des réformes profondes qui tendraient à élever la Turquie au rang des Etats européens. Mais dans l'état actuel des choses, des transformations aussi radicales trouveraient sans doute un obstacle dans l'hostilité ouverte de certaines puissances (1). En outre, on aurait à lutter contre des résistances presque insurmontables en voulant imposer à un peuple de conquérants, encore semi-nomade, le régime qui convient à des populations très civilisées, commerçantes ou industrielles.

Il est difficile de limiter officiellement la puissance du Sultan, en sa qualité de chef religieux, ou de supprimer l'influence du Palais, surtout dans les questions financières, sans changer totalement le système actuel. L'institution d'un ministère influent et responsable rencontrerait les mêmes empêchements. La multiplicité des religions et des langues rend très délicate l'institution d'un régime représentatif, même partiel; on aurait aussi à craindre les excès de la candidature officielle, le

(1) L'objectif constant de la politique russe a été la possession de Constantinople. Comme, actuellement, le démembrement de l'Empire ottoman ne pourrait s'effectuer qu'au prix d'une guerre européenne, la diplomatie russe travaille à protéger momentanément l'intégrité du territoire ottoman en favorisant le relèvement transitoire des finances turques. Notre politique traditionnelle, consistant dans le maintien de l'Empire ottoman, se trouve coïncider provisoirement avec celle de la Russie.

soulèvement et l'écrasement par la force des minorités déplaisant au souverain. La suppression des fonctionnaires inutiles condamnerait à la plus complète misère des gens qui, souvent, ne savent même pas lire, et sont incapables de gagner leur vie par un travail quelconque. Quant à la généralisation du service militaire, la création de régiments mixtes serait la source de rixes continuelles entre l'élément chrétien et l'élément musulman; d'autre part la formation de régiments entièrement chrétiens et d'autres régiments entièrement musulmans favoriserait au premier chef une guerre civile.

Ainsi, beaucoup de réformes désirables en principe ne peuvent, pour divers motifs, être appliquées immédiatement. Cependant la situation actuelle est grosse de dangers pour l'Europe. La paix générale est perpétuellement menacée par des alertes sanglantes; les intérêts et la vie de nos nationaux exigent une protection efficace et urgente.

Pour mettre fin à l'insécurité universelle, il faut s'attaquer à sa cause unique et puissante, et non chercher à en pallier successivement les effets multiples. Il existe un pouvoir occulte, collectif et irresponsable, dont le rôle néfaste a été constamment reconnu dans les événements qui nécessitent notre intervention : **c'est le Palais.** *Le Palais a provoqué les massacres des Arméniens, ruiné le pays,* souten*é* partout des *révoltes par ses exactions et sa tyrannie.* Exécré même par les Turcs, il aurait été depuis longtemps victime des haines populaires si le manque d'armes n'en retardait l'explosion violente. *Le Palais a fait subir à nos nationaux de nombreuses vexations, menacé leurs biens et leur vie. Il a infligé à notre diplomatie les plus cruels affronts.* C'est donc sur le personnel du Palais qu'il faut agir avec la plus décisive et la plus ferme énergie. On se heurtera à des résistances, sans doute, mais non à des résistances irréductibles, à condition de ménager les susceptibilités du souverain, de ne pas limiter officiellement son pouvoir. On s'assurerait les sympathies de la population tant chrétienne que musulmane en proclamant hautement que *le Palais seul est menacé dans son pouvoir arbitraire et exorbitant* dont elle est la première à souffrir. Mais il est indispensable de ne pas permettre à la presse turque, qui reçoit ses communications du Palais, de dénaturer le caractère de notre intervention (1).

Cette façon d'agir était traditionnelle en Orient. Ce sont les succès réitérés de ce procédé qui avaient

(1) Rappelons que lorsque M. Hanotaux fit parvenir un secours de 10,000 francs aux victimes des troubles à Hasskeuy (septembre 1896), la presse turque put surexciter l'opinion publique contre nous par l'annonce de l'envoi de subsides adressés par notre ministre aux comités révolutionnaires, sans que nous ayons exigé aucune rectification.

valu à M. Paul Cambon sa réputation de diplomatie habile et énergique; c'est l'abandon de ce
mode d'action qui est la cause de nos échecs multi-
pliés depuis plus d'un an, et nous en ménage bien
d'autres pour l'avenir.

*M. Hanotaux a systématiquement renoncé à cette
politique, du jour où il a centralisé entre ses mains
les négociations engagées avec la Turquie,* et son
obstination dans cette voie périlleuse rend chaque
jour plus difficile le retour à la ligne de conduite
dont une heureuse expérience a démontré la sa-
gesse. Il faudrait cependant y revenir au plus
vite, car c'est le seul moyen de salut. Trompé dans
les prévisions optimistes qu'il exposait dans la
Revue de Paris (Cf. *infra*), joué par le gouvernement turc qui semble prendre à plaisir le contre-
pied de ses réclamations, M. Hanotaux arrivera
sans doute à partager notre conviction.

Pour mener à bonne fin cette entreprise et se
mettre à l'abri de résistances violentes ou de manœuvres perfides de la part d'un personnel disposé à défendre par tous les moyens sa puissante
et désastreuse influence, il est nécessaire d'aver-
tir sans ambages les gens du Palais que *les plus
compromis d'entre eux par leur hostilité contre les
Européens, paieraient de leur tête un massacre
d'Européens auquel les troupes prendraient part ou
qu'elles favoriseraient par leur inaction.*

Le Sultan et son entourage seraient en outre informés qu'au premier signal d'une tentative de ce genre, les stationnaires effectueraient immédiatement et sans autre avis le bombardement d'Yldiz et des palais. Le succès de l'heureuse initiative prise par M. Cambon, malgré les instructions générales, dans l'affaire de Diarbekiz, et de la conduite énergique des Américains à Jaffa, nous garantissent par avance la réussite d'une menace de ce genre que nous n'aurions vraisemblablement pas à mettre à exécution. Il serait juste, par contre, de garantir notre protection à ceux qui se montreraient favorables à notre œuvre de réforme.

Des réformes aussi élémentaires et aussi prudentes ne sauraient aucunement blesser la légitime fierté du peuple turc. Elles se borneraient, en somme, à une pression morale sur les décisions du souverain et les manœuvres de son entourage. On conserve ainsi le décor, mais en tenant en main les fils qui font mouvoir les acteurs.

Puis, pour permettre au gouvernement ottoman de se tirer de la situation fâcheuse où la privation de tutelle l'a fait tomber, il serait indispensable de l'aider à contracter une nouvelle dette, dont les revenus qui lui restent encore garantiraient le remboursement. On ne peut guère espérer que l'on obtiendra ainsi des sommes assez considérables

pour permettre un dégrèvement de l'agriculture
Mais, afin de prévenir des dilapidations et de
retarder le plus possible le retour d'une situation financière, rendue sans issue par l'absence
totale de gages encore disponibles, il serait bon
d'établir un contrôle européen des recettes et des
dépenses (1).

On arriverait ainsi à faire face aux besoins
criants, et à éviter une catastrophe immédiate. La
restriction de l'influence occulte et pernicieuse du
Palais constituerait un *modus vivendi* tolérable
aussi bien pour les sujets ottomans que pour les
Européens établis en Turquie.

(1 On peut s'attendre sur ce point à des résistances éner-
giques, soit de la part du souverain qui use largement des
acquits au comptant, soit de la part de son entourage dont
l'ingérence dans toute affaire financière est fort lucrative.

Il faudrait, en tout cas, que ce contrôle ne fût confié qu'à
un personnage d'une compétence et d'une intégrité au-des-
sus de tout soupçon. Les scandaleuses fortunes amassées
en quelques années par la bande de financiers cosmopo-
lites qui se sont abattus sur la Turquie, justifient cette res-
triction.

LA POLITIQUE PERSONNELLE
DE M. HANOTAUX

La politique adoptée en Orient par notre ambassadeur, M. Cambon, *l'action directe sur le Palais*, lui a valu une influence considérable et de brillants succès diplomatiques.

M. Hanotaux, pour des motifs qu'on ignore, a jugé bon d'accaparer, depuis bientôt dix-huit mois, la direction à distance des affaires d'Orient, et a pris aussitôt le contre-pied de cette politique traditionnelle. Il a eu soin d'indiquer lui-même, dans un article publié dans la *Revue de Paris*, le 1er décembre 1895, pendant son court interrègne ministériel, ses vues propres sur la question. Il y prend nettement parti pour le Sultan, c'est-à-dire pour le Palais; et l'importance de ces déclarations inattendues et désintéressées fut comprise à Yldiz : on lui conféra aussitôt la décoration de l'Imtiaz, créée pour récompenser les services rendus à la personne du souverain (1).

Redevenu ministre des affaires étrangères, il a justifié comme antérieurement la bienveillance

(1) Cette décoration confère au porteur le titre d'Excellence et l'équivalent du grade de général. — A quand le cheval noir?

d'Abd'ul Hamid et de son entourage. « Si tout le monde respecte l'intégrité de la Turquie, tout le monde doit désirer voir l'autorité du Sultan s'exercer et s'exercer seule dans ses limites. » Tel est le résumé de sa politique. Il ne faut donc pas s'étonner des faits particuliers qui en confirment la tendance générale. *M. Hanotaux n'a tenu aucun compte des plaintes de la colonie française menacée ;* la presse officieuse a reçu le mot d'ordre de faire le silence sur ce qui se passait à Constantinople, et de taire jusqu'aux injures adressées en sa personne au gouvernement français, accusé de subventionner des agitateurs imaginaires.

Après quoi il a été facile à notre ministre, le 3 novembre dernier, de triompher à la Chambre de l'ignorance où il tient le Parlement. *Il a osé dire que rien de grave n'avait eu lieu en Turquie depuis la fin d'août, alors que le 15 et le 16 septembre dernier, on tué 1,500 personnes et brûlé 1,000 maisons à Eghin. Il a donné lecture d'une dépêche de la dernière heure annonçant des poursuites contre Magha bey, coupable de l'assassinat du père Salvator, et les faits ont démenti cette nouvelle, puisque Magha bey n'a pas encore été jugé, et que, d'autre part, le Sultan le déclare d'avance innocent, en contradiction avec le rapport de notre attaché militaire, M. de Vialar.* Il est vrai qu'on a évité ainsi, une fois de plus, de renseigner le Parlement et le pays, et d'émouvoir l'opinion en publiant ce rapport qui donne les détails les plus précis, non seulement sur le meurtre du père Salvator, mais sur l'épouvantable régime des prisons turques, et les odieuses tortures de tout ordre infligées aux sujets ottomans. M. Hanotaux a ensuite affirmé que l'entente des puissances était complète, qu'il avait qualité pour parler en leur nom, et qu'il suffisait d'un mot de sa bouche pour que tout rentrât dans l'ordre. **L'effet du discours de notre ministre des affaires étrangères a été immédiat : les massacres d'Everek ont eu lieu deux jours après, le jeudi 5 novembre.**

Depuis lors, on ne voit pas que la protection accordée à la bande du Palais ait valu à notre diplomatie d'autres résultats qu'une série d'échecs faciles à prévoir. Quant à des succès ultérieurs, l'attitude nouvelle du gouvernement anglais peut donner à réfléchir : lord Salisbury a déclaré au banquet du lord maire que M. Hanotaux avait désormais le champ libre ; c'est donc que la présente politique du quai d'Orsay est favorable, par un entêtement aveugle, aux espérances plusieurs fois formulées par lord Rosebery et par lord Salisbury lui-même : elles aboutiront à la désagrégation immédiate et violente de l'Empire turc. Les perpétuels soulèvements, les fréquentes paniques amèneront à l'improviste quelque incident tragique, et nous nous trouverons tout à coup en présence de la grande guerre européenne avec l'alternative également désastreuse de défendre, au mépris de l'humanité, l'odieux pouvoir du Palais, ou de laisser se produire, avec toutes les éventualités qu'il comporte, le démembrement de l'Empire turc.

En attendant cette date, qu'il est impossible de fixer, mais qui peut être très prochaine, *la politique inaugurée par M. Hanotaux* ne profite ni à la France, dont le prestige décroît en Orient, ni à la Turquie, dont la ruine s'aggrave de jour en jour. Elle *profite uniquement aux financiers véreux qui se sont abattus sur l'empire ottoman,* qui en épuisent les dernières ressources et abusent du malheur des temps pour lui faire des avances à des taux de plus en plus usuraires. Car on ne saurait compter à l'actif de notre diplomatie bafouée, les décorations conquises par nos ministres et leurs familles, en récompense d'une attitude au moins imprévoyante, et qui peut coûter la vie à un grand nombre de nos nationaux

CONCLUSION

« Si tout le monde respecte l'intégrité de la Turquie, tout le monde doit désirer voir l'autorité du Sultan s'exercer seule dans ces limites. »
(Revue de Paris, décembre 1895.)

M. Hanotaux, depuis longtemps ministre des affaires étrangères, a eu tout loisir d'appliquer en Orient sa politique personnelle. Quels résultats en a-t-il obtenus?

1° Tous les rapports de nos agents diplomatiques et consulaires affirment *la responsabilité exclusive et directe du Palais dans la situation déplorable de la Turquie et dans les massacres d'Anatolie et de Constantinople.*

M. Hanotaux juge-t-il ces rapports inexacts?

2° S'il les reconnaît exacts, *que signifie sa politique dont le but avoué est de protéger et d'encourager le Palais en tout état de cause?*

3° Peut-il nier que le *seul résultat de cette politique a été d'aggraver l'état déjà lamentable de l'empire turc et de mettre en péril la vie et les intérêts de nos nationaux?*

4° Peut-il nier que nos nationaux ont couru les plus grands dangers et sont à la merci de la première panique future? *Peut-il dire qu'il a pris une*

mesure quelconque pour les défendre en cas de mas-
sacre européen.

Si le ministre des affaires étrangères ne se sent capable de répondre à aucune de ces questions précises, appuyées sur des documents authentiques, nous accusons la politique de M. Hanotaux d'avoir fortifié le pouvoir néfaste du Palais, autorisé des massacres monstrueux et des cruautés inouïes, compromis la vie et les intérêts de nos nationaux et créé, en définitive, une situation qui profite exclusivement aux financiers véreux, et amènera tôt ou tard un conflit européen.

3

PIÈCES JUSTIFICATIVES

EN ORIENT

ARTICLE DE M. HANOTAUX

paru dans la *Revue de Paris* le 1ᵉʳ décembre 1895.

La crise actuelle a-t-elle pris au dépourvu le Commandeur des croyants?... Le sultan Abd'ul Hamid est trop attentif et trop avisé pour s'être laissé surprendre. On l'accuse parfois d'insouciance aveugle ou d'entêtement. La vérité est qu'il voit d'autres choses que celles que nous voyons nous-mêmes... Il ne doit la durée de son règne qu'aux très réelles qualités qu'il a déployées jusqu'ici dans l'art complexe du gouvernement des peuples... Il tient tous les fils qui relient le monde musulman... Il tient les clefs du Saint-Sépulcre et les clefs des Dardanelles; il tient le Coran et il tient aussi la Bible; et il tient par surcroît pas mal des fils embrouillés de la diplomatie européenne...

Le Sultan actuel a ceci de particulier qu'il n'est pas, mais pas du tout, un Européen.

Le Sultan est un vrai Turc, un mahométan pieux...

Par inclination ou par raison, le Sultan, depuis qu'il est sur le trône, a appliqué la maxime d'Aristote que les gouvernements sur leur déclin doivent, pour reprendre des forces, remonter vers le principe même de leur institution et, calife, commandeur des croyants... il ne s'est jamais départi de la fidélité la plus attentive à la partie essentielle de la tâche qui lui incombe.

Ce principe une fois posé, le Sultan a montré d'ailleurs envers ses autres sujets des qualités réelles de douceur, de générosité et d'impartialité. Les étrangers ont généralement trouvé auprès de lui un bon accueil et même, le plus souvent, des égards. Dans le gouvernement, qu'il a voulu personnel... Quelle que soit la valeur diverse des conseillers qui se succèdent auprès de lui, c'est incontestablement au prince que l'on doit ce résultat (la conservation de son empire) et c'est encore à lui qu'il appartient de résoudre le problème posé, l'hiver dernier, par les violences et les excès qui ont ensanglanté l'Arménie.

Je ne chercherai pas ici sur qui doivent retomber les premières responsabilités des massacres. Il s'agit là, en somme, d'un de ces mille incidents de la lutte entre chrétiens et musulmans... L'incident eût pu se régler par des concessions réciproques... Peut-être que si cette solution, la plus naturelle en somme et la plus sage, n'a pu être obtenue, c'est que l'Europe s'en est mêlée.

La négociation engagée l'hiver dernier a duré

longtemps, beaucoup trop longtemps... A Constantinople on ergota sur les faits d'abord, puis sur les formules et sur les protocoles... Djevad, Saïd, Kiamyl s'y épuisèrent... On paraissait successivement et parfois simultanément docile ou obstiné. L'homme, de qui tout dépendait, en apparence, entrevoyait probablement... Cependant cette phase de la négociation aboutit... Ce fut un grand soulagement pour tout le monde quand on apprit l'heureuse nouvelle de l'arrangement qui venait d'intervenir.

En Bulgarie, en Macédoine, en Asie Mineure, les esprits s'étaient échauffés... l'élément musulman s'agitait. Toute concession faite d'un côté provoquait des réclamations de l'autre.

Si l'on en croit des informations, peut-être sensationnelles (1), le mal s'est répandu rapidement : à Constantinople, puis en Arménie... puis dans toute l'Asie Mineure, à Zeïtoun, à Trébizonde, à Damas. Aujourd'hui on le dénonce au Yémen; on dirait d'une conflagration universelle. Il n'en reste pas moins qu'il y a en ce moment en Turquie plusieurs foyers d'agitation ; de là des risques sérieux... pour la sécurité des nationaux européens.

En Angleterre, on n'a pas une confiance abso-

(1) Cet article a été publié, alors que M. Hanotaux connaissait les massacres de Trébizonde, Kara-Hissar, Erzeroum, Diarbékir, etc., qui avaient coûté la vie à environ 50,000 Arméniens.

tue dans les promesses du Sultan ou du moins on n'a pas confiance dans sa force et dans son autorité... ¡On enregistre ses paroles et l'on continue à se montrer pessimiste.

Que faut-il penser du lendemain ?... J'ai dit que je reste optimiste... Que la crise actuelle soit uniquement intérieure, c'est ce que tout le monde doit désirer. Le Sultan reste maître chez lui. Qu'il se montre disposé à exécuter rapidement ses engagements ; qu'il les réitère avec une force... qu'il ne laisse aucun doute sur ses intentions; que les chefs (des troupes) reçoivent des instructions sages et modérées, — on dit qu'ils les ont reçues; — que, d'autre part, les populations chrétiennes... ne reçoivent que de bons conseils ; que, par-dessus tout, on évite tout ce qui peut donner prétexte à une intervention directe des puissances... attentats contre les colonies ou les membres des colonies étrangères... que la presse aussi veille à ne pas propager des nouvelles alarmistes : — ces sages précautions une fois prises... on peut compter que, l'hiver aidant, les agitateurs seront vite réduits à l'impuissance. Au printemps, le Sultan sera en mesure de faire face aux éventualités.

Même... si la question s'embrouille... j'ai l'impression qu'il n'y a pas de chances sérieuses de voir les événements actuels se tourner en complications redoutables

Si tout le monde respecte l'intégrité de la Turquie, tout le monde doit désirer voir l'autorité du
Sultan s'exercer, et s'exercer seule dans ces
limites... Le Sultan est déjà entré dans ces vues
(nécessité de réformes). Comme prix des secours
qu'on lui apporte, on est en droit d'attendre de lui
qu'il y persévère librement. Nous revenons donc...
à considérer la crise précédente comme ayant surtout un caractère intérieur et comme devant être
réglée par les moyens dont dispose le Sultan lui-
même.

3.

DISCOURS PRONONCÉ A LA CHAMBRE

PAR M. LE MINISTRE DES AFFAIRES ÉTRANGÈRES

le 3 novembre 1896.

TEXTE	**APPRÉCIATION**

« Le Sultan reste maître chez lui. — Si tout le monde respecte l'intégrité de la Turquie, tout le monde doit désirer voir l'autorité du Sultan s'exercer et s'exercer seule dans ces limites. » (*Revue de Paris*, 1ᵉʳ décembre 1895. Cf. *supra*.)

1. On a parlé de l'assassinat du P. Salvatore... L'attentat est certain, une enquête dirigée par le colonel de Vialar, notre attaché militaire... Sur l'énergique pression de notre ambassadeur, la Sublime Porte vient de déférer au Conseil de guerre Magha bey. Une première satisfaction nous est ainsi donnée. Nous tiendrons la main à ce que le chef et les auteurs du crime soient punis comme ils le méritent.

1. Il ne faudra pas s'étonner, après ces déclarations (dont le Sultan a immédiatement témoigné sa gratitude), de voir démentie cette affirmation des réparations obtenues. M. Hanotaux, pour avoir l'oreille de la Chambre, a profité d'une dépêche douteuse de la dernière heure. — Quelques jours après, on apprenait, par la presse, que le conseil de guerre n'était pas encore constitué et que le Sultan proclamait l'innocence de Magha bey. Si jamais ce bey est jugé, il sera acquitté ou gracié, par le souverain, et l'honneur sera satisfait.

2. ...Dans un grand nombre de circonstances — et on peut dire chaque fois que les intérêts de nos nationaux ont été en cause — l'intervention de M. Cambon a obtenu les résultats les plus prompts et les plus satisfaisants.

J'aborde maintenant la question...

3. Il est incontestable que les faits les plus graves se sont produits en Arménie...

4. Quoiqu'il soit difficile, en raison même de l'étendue du désastre et des difficultés des communications, de connaître l'exacte vérité, la gravité des faits est notoire et tout le monde est d'accord pour penser qu'un *mal si profond exige de prompts remèdes.*

5. Le mouvement... n'aurait pas pris une telle intensité si... l'es-

2. Depuis plus d'un an, M. Cambon n'a rien obtenu lorsque les intérêts de nos nationaux ont été compromis. Mais, M. Hanotaux en est seul responsable : il a confisqué, à son profit, le règlement des affaires, et témoigne trop d'affection à l'égard du Sultan, pour prendre contre lui la défense de nos intérêts.

M. Hanotaux voudrait-il nous citer les faits pour lesquels, depuis un an, nous ayons obtenu des satisfactions ?

Quant à la politique personnelle de M. Cambon, nous avons déjà reconnu sa valeur et ses succès. (Cf. *supra.*)

3. En décembre 1895, après les grands massacres de Sassouph, de Constantinople et de toute l'Anatolie, M. Hanotaux se déclare optimiste : il faut que le Sultan reste maître chez lui. On doit s'en rapporter à ses promesses, éviter toute intervention. Notre ministre est-il satisfait des résultats ?

4. Nous enregistrons cette déclaration, et attendons impatiemment les *prompts* remèdes exigés.

5. « L'incident eût pu se régler par des concessions récipro-

poir et le désir de l'indépendance
et si, par-dessus tout, les conditions mauvaises dans lesquelles
s'exerce l'administration ottomane ne leur avaient fourni de
trop légitimes griefs.

En 1878 et 1881, dans le traité
de Berlin, dans la Convention de
Chypre, l'Europe... s'occupa de la
situation des Arméniens...

6. En 1885, on entendit parler
pour la première fois d'un mouvement arménien... Des comités
furent constitués, des journaux
furent créés et se livrèrent à une
propagande active.

L'objectif poursuivi était celui-
ci : attirer l'attention de l'Europe
en dénonçant constamment les
excès de l'administration ottomane et développer peu à peu
l'esprit d'intervention ou, si l'on
veut, *l'esprit de croisade*.

ques... Peut-être que si cette
solution... la plus sage, n'a pu
être obtenue, c'est que l'Europe s'en
est mêlée. » (*Rev. de Paris*, ibid.)

Nous excusons les Arméniens
de n'avoir pas voulu concéder au
Sultan la faculté de torturer et
de massacrer. Mais l'Europe est
bien coupable d'avoir entravé
l'action du Sultan. Elle n'a rien
obtenu, et la diplomatie française,
après avoir recueilli humblement
quelques soufflets (protestation
inutile contre l'arrivée des Ha-
midiés, canons braqués sur Pé-
tra, etc.), en est arrivé à renoncer
à la protection de la vie et des
biens même de nos nationaux. —
La touchante sympathie établie
entre M. Hanotaux et le Padischah, nous paraît une compensation insuffisante. Mais pour-
quoi troubler cette amitié réci-
proque?

6. La tendance manifeste à
incriminer les Arméniens s'accuse : ils ont des comités révolutionnaires, des journaux sont
appuyés par l'Angleterre; des
« faits », des « conflits », des
« troubles », se produisent, « sans
qu'on puisse établir à qui incom-
bent les premiers torts ». (Il nous
dira plus loin que la population
est désarmée !) La « répression est
rude ». — Impossible d'employer
plus d'euphémismes; il nous sem-

A partir de 1893, des faits nouveaux se produisirent. Sans qu'on puisse discerner à qui incombait les premiers torts, des conflits éclatèrent... la répression fut rude... les faits allèrent en s'aggravant.

Dès les mois de septembre et d'octobre 1894, l'agitation avait gagné presque toute la contrée. A Tokat, à Diarbékir, à Bitlis, à Mouch, à Sassoun, dans les villes et les campagnes, la lutte était partout engagée.

7. Tel a été le commencement des troubles... des causes diverses y ont contribué : *populations sans défense*... incursions des Kurdes nomades... souffrances provoquées par les abus d'une mauvaise administration ; ingérences étrangères... désespoir d'une population poussée à bout... impuissance ou mauvais vouloir des autorités locales... instructions regrettables laissant trop de latitude à des autorités sans prudence et sans humanité.

ble lire un communiqué de la Sublime Porte. — « La lutte était partout engagée » ; tel est le résumé des cruautés, des massacres officiellement constatés.

En somme, il ne faut pas s'échauffer sur une simple question de religion, ne pas laisser développer l'*esprit de croisade*.

C'est nous préparer à la conclusion : « La France répudie l'esprit d'aventure. »

Avis aux Arméniens. Espérons que cette répugnance pour les aventures ne s'étendra pas jusqu'au désintéressement de la situation grave de notre colonie.

7. La bonne foi de M. Hanotaux l'oblige à reconnaître que l'administration turque a bien quelques torts.

Mais M. Hanotaux nous cache soigneusement ce fait reconnu dans tout les rapports des consulats et des ambassades que c'est du *Palais* qu'émanaient les *ordres de massacre*.

Du reste « Abd'ul Hamid est trop attentif et trop avisé pour s'être laissé surprendre... Il a déployé jusqu'ici de très réelles qualités dans l'art complexe du gouvernement des peuples... Ce petit homme noir, au teint pâle, aux yeux inquiets, à la main féminine, tient tous les fils qui relient le monde musulman... Dans le *gou-*

vernement qu'il a voulu *personnel*, il s'est montré fin, souple, etc... Quelle que soit la valeur diverse de ses conseillers, c'est incontestablement au *prince que l'on doit ce résultat* (état de son Empire), et c'est encore *à lui qu'il appartient de résoudre* le problème posé par les *violences et les excès qui ont ensanglanté l'Arménie »* (*Revue de Paris*, cf. supra.)

8. Dès que les nouvelles furent arrivées à Constantinople, les ambassadeurs eurent à s'occuper de la question...

Depuis longtemps la diplomatie britannique surveille avec attention une contrée qui avoisine de si près le Caucase, les rives du Bosphore...

Des missions évangéliques en grand nombre... correspondants naturels des consuls et des diplomates.

Cependant le gouvernement anglais comprit dès le début à quel danger on s'exposait si l'on voulait agir isolément.

Il s'établit... une sorte de concert entre... l'Angleterre, la Russie et la France... Enquêtes approfondies qui révélèrent toute la gravité des faits... Établissement d'un système de réformes. Cette entente intervint dans les derniers jours d'octobre 1895.

(Puis M. Hanotaux déplore que

8. Les massacres d'Arménie seraient-ils donc simplement une odieuse machination de l'Angleterre contre ce pauvre Sultan.

Abd'ul Hamid avait aussi envoyé des missionnaires pour réchauffer le zèle religieux des mahométans dans tous les pays soumis au Coran. Ils n'étaient sans doute pas chargés de prêcher la soumission aux ghiaours, suzerains de l'Algérie. Cette politique, dont le plus clair résultat possible eût été de susciter des révoltes dans toutes les colonies européennes, excite l'admiration à jet continu de notre éminent ministre.

Cf. *Revue de Paris* : « Par inclination ou par raison, le Sultan », etc.)

la mauvaise volonté ou le manque de temps n'ait pas permis l'exécution de ce plan de réformes qui eût pu éviter des événements plus graves.)

9. A partir de novembre 1895, les massacres recommencèrent partout. L'hiver de 1895-1896 a été surtout terrible. C'est ici que se placent les faits les plus graves... *leur énumération a quelque chose d'effrayant dans sa monotonie.*

(Voici le)... rapport d'un de nos agents placé mieux que personne pour être exactement renseigné... *populations chrétiennes terrorisées, les musulmans eux-mêmes fatigués de cet état intolérable, la misère s'étendant sur toutes les classes de la société, le commerce nul, l'industrie arrêtée, les travaux des champs interrompus... la faim guettant tout un peuple que les secours ne pourront, si une amélioration ne se produit, arracher à la mort.*

9. Le panégyrique du Sultan et de sa conduite a paru le 1er *décembre 1895.*

« *Le Sultan a montré,* d'ailleurs *envers ses autres* (*les chrétiens*) *sujets, des qualités réelles de générosité et d'impartialité* » (*Rev. de Paris*). Abd'ul Hamid n'a encore conféré à l'auteur de l'article que le titre d'Excellence ; mais il lui sera difficile de s'en tenir là, lorsque M. Hanotaux aura achevé d'accomplir son programme. Le titre d'Altesse n'aura, du reste, jamais été mieux mérité.

Le rapport établi par un de nos agents, qui s'est acquis à Constantinople l'estime et la sympathie de tous nos nationaux, notre attaché militaire, le colonel de Vialar, contribue à éclairer les Européens sur les hautes qualités de notre ami le Sultan. On ne peut invoquer aucune raison diplomatique pour le tenir secret. Nous prions donc instamment M. le ministre de porter à la connaissance du public le résultat d'une enquête qui établit clairement les résultats remarquables de sa politique personnelle.

10. Enfin... les musulmans en

10. « *On peut compter que,* l'hi-

(éléments de désordre) opposent un autre beaucoup plus formidable ; je veux parler des Kurdes et spécialement des Hamidiehs, dont les exploits sont trop connus pour que je m'y arrête.

Telles sont les causes du mal... *l'anarchie d'en haut amenant celle d'en bas.*

Il ne faut donc pas s'étonner que les misères, les cruautés, le désespoir poussent les Arméniens à des tentatives désespérées, telles que celle de la Banque Ottomane qui provoqua « des cruautés et des excès dont la répression fut le prétexte ».

12. Deux sortes de devoirs s'imposaient aux Puissances : arrêter les violences, *protéger leurs colonies menacées.*

ver aidant, *les agitateurs seront vite réduits à l'impuissance.* Au printemps, le Sultan sera en mesure de faire face aux éventualités. » Les généreuses espérances de M. Hanotaux n'auront donc été retardées dans leur accomplissement que d'une année. Aucune amélioration n'est intervenue et il est trop tard maintenant.

Cette solution pacifique et sûre de la question arménienne fera le plus grand honneur à notre diplomatie actuelle.

11. Ces brigands kurdes avaient commis tant de cruautés et d'excès en Arménie, que le sympathique Abd'ul Hamid les fit venir à Constantinople pour protéger les colonies étrangères. Il faut espérer que la question de protection des Européens pourra être réglée aussi définitivement que la question arménienne et par un procédé analogue.

12. Les Prussiens ont, en effet, pu arrêter les massacres avant qu'on eût tué plus de huit mille individus dans les quartiers européens. — La plupart des Arméniens étant domestiques chez des Européens, de chez lesquels ils ne bougeaient pas, ou protégés dans les quartiers turcs, et les autres s'étant dérobés par la fuite, il était grand temps que nos repré-

sentants intervinssent : car il
était à craindre que les Kurdes,
ayant pris goût à ce sport, n'en
fussent réduits à s'assommer entre
eux, car il est désormais établi
que les Européens ont été com-
plètement protégés par leurs ambassades. Des patrouilles de Kurdes Hamidiehs empêchaient les
chrétiens de s'exposer dans la
rue, en les bousculant suffisam-
ment pour les dégoûter de prendre
l'air. — Une batterie d'artillerie,
postée à Chichli pour appuyer
l'intervention éventuelle des Hamidiehs, achevait de rassurer les
plus timides. La conscience de la
sécurité des ambassadeurs, protégés par les soldats des stationnaires, a jeté la colonie dans la
plus vive allégresse; d'autant que
nos stationnaires ne pouvant, en
cas de danger, donner asile à plus
de 200 personnes, on était bien
aise que la possession de ces
places fût assurée aux personnages
officiels chargés de veiller à la sécurité publique.

M. Hanotaux autorise la police
turque à dépouiller nos nationaux
de leurs revolvers, afin de leur
éviter un de ces accidents si fré-
quents avec les armes à feu et
dont le compte rendu journalier
ne laisse pas de place dans les
journaux français, pour les dépêches concernant la question

d'Orient. — Il est bien naturel que la presse turque accuse notre ministre d'envoyer des subsides aux comités révolutionnaires, puisque des secours pourraient entraver l'heureuse influence de l'hiver sur les « agitateurs ». Enfin Abd'ul Hamid ne fait prêcher dans les mosquées la haine contre le ghiaour que pour affirmer qu'il est bien un vieux Turc, un mahométan pieux. (*Rev. de Paris*.)

13. Elles n'ont manqué ni à l'un ni à l'autre… La France a fait entendre à Constantinople et à Paris un *langage tel qu'on n'a pu se méprendre, ni sur sa force, ni sur sa portée.*

13. M. Hanotaux peut être certain qu'à Constantinople comme à Paris, on ne s'est nullement mépris sur la force et la portée de son langage. Du reste, la nouvelle du massacre d'Everek, trois jours après les déclarations à la Chambre, suffirait à ouvrir les yeux aux plus aveugles.

Cet incident a été suivi d'une réparation éclatante. Huit jours après, le Sultan a décerné à Mᵐᵉ Saiusère la plaque d'officier, et à Mᵐᵉ Barthou le grand cordon de l'ordre de la Compassion (Chefakat). Il faudra ajouter à la liste des qualités du Commandeur des croyants un esprit singulièrement caustique.

14. Et ce langage paraît avoir été entendu, puisque, depuis qu'il a été tenu, *aucun événement grave ne s'est produit* ni dans la capitale, ni dans l'Empire.

14. On a reproché à notre ministre d'avoir menti à la tribune en déclarant qu' « aucun événement grave », etc. — C'est vraiment pousser bien loin l'esprit de

M. de Mun. — Les massacres de Van et d'Eghin sont postérieurs...

croisade. M. Hanotaux nous a fait observer qu'il ne restait pas plus de 3 millions d'Arméniens en Turquie. — On en a tué une dizaine de mille sans qu'il en coutât la vie à un seul mahométan. La question arménienne a donc fait un grand pas, et pourvu que l'on ait un hiver un peu rigoureux, « au printemps », le Sultan sera en mesure de faire face aux événements.

15. M. Hanotaux. — L'Empire turc était, d'ailleurs, agité de bien d'autres secousses .. Les maux qui, par suite d'une *mauvaise administration*, frappent les populations, ne sont pas exclusivement propres à la région arménienne. Chrétiens et musulmans, *tout le monde en souffre*... (Soulèvements de Crète, de Macédoine, etc...)

16. Il est vrai que ces *solutions particulières n'ont pas atteint le mal à sa source*... Toute idée d'action isolée doit être écartée... L'action des puissances ne doit porter *aucune atteinte à l'intégrité* de l'Empire ottoman. Ce point de vue a toujours été celui de la France.

17. Le condominium serait le plus précaire et le plus dangereux des expédients.

15. Alors de quoi se plaignent les Arméniens? La Macédoine, la Crète, l'Hedjaz, l'Yémen, etc., qui se révoltent dans ces conditions sont bien coupables : « Il faut que ceux qui ont la responsabilité des entreprises si téméraires qui ont été tentées, se rendent compte du mal que de nouvelles imprudences peuvent causer »...

16. Ce serait dommage de tarir la source du mal qui est en même temps une source de décorations dont les « solutions particulières » provoquent l'écoulement.

17. Or, « si tout le monde respecte l'intégrité de la Turquie, tout le monde doit désirer voir l'autorité du Sultan s'exercer seule dans ces limites » — C. Q. F. D. — Je pense que cette fois il n'y a

18. Cette tâche (amélioration de l'Empire) est difficile : elle n'est au-dessus ni de notre bonne volonté, ni de nos moyens d'action.

... Parmi les résultats si féconds du voyage de l'empereur de Russie à Paris, nous pouvons compter celui-ci, que des vues précises ont été échangées.

19. L'Europe unie saura se faire comprendre du Sultan : on le mettra en garde contre les influences néfastes du fanatisme religieux, les réformes doivent s'étendre à tous, chrétiens ou musulmans ; on lui montrera la source du mal dans la mauvaise gestion politique, financière et administrative, et on lui indiquera les remèdes ; on le priera de mettre un terme aux cruautés et de venir en aide aux misères.

20. On saura lui démontrer que... *là seulement se trouvent, pour lui et les siens, l'honneur et le salut.*

21. Les Arméniens doivent renoncer aux tentatives violentes.

22. ... Si l'Europe entière est animée des sentiments bienveil-

plus aucun risque de méprise sur la portée de ce langage.

18. Les écuries d'Augias ne peuvent donner qu'une faible idée de l'état de l'administration turque. Il appartient à l'Hercule sur les épaules duquel repose tout le poids de la question d'Orient, d'entreprendre ce travail digne de lui.

19. C'est entendu ; le sujet a été déjà développé, il y a un an, dans l'article de la *Revue de Paris* :

« Le Sultan reste maître chez « lui. Qu'il les réitère avec une « force encore accrue par l'u- « sage, etc... » « Ces sages précautions une fois prises, et les sentiments pacifiques, etc... »

— Pourra encore servir l'année prochaine, si l'hiver n'a pas été rude.

Et le Sultan restera maître chez lui ; son successeur pourra continuer à réitérer tout ce que l'on voudra.

Et M. Hanotaux restera optimiste.

20. Ainsi soit-il...

21. ... Et attendre la fin de l'hiver ?

22. La bienveillance et la bonne volonté du ministre repo-

lants que j'ai exposés... elle ne veut pas que de *nouvelles surprises* la détournent de sa tâche et découragent d'unanimes bonnes volontés.

23. La France désire l'amélioration du sort des peuples de l'Orient... Mais, avertie par le passé, elle répudie l'esprit d'aventure.

Si graves que soient les problèmes posés devant l'Europe, ils ne sont pas insolubles si tous y travaillent, comme nous le faisons nous-mêmes, dans un esprit de concorde, de justice et d'humanité.

sent sur des bases aussi résistantes que son optimisme et sont complétement inébranlables.

23. Il y en a assez comme cela, il faut se contenter de continuer. Il est évident que le massacre d'Everek n'a surpris personne, pas plus que les massacres à venir, et ne peut qu'encourager les unanimes bonnes volontés.

CONCLUSIONS

Nous nous étions imaginé qu'il y aurait tou-avantage à attaquer le mal dans sa source certaine et unique. Une pression morale un peu énergique sur l'esprit du souverain et de son entourage, serait en effet suffisante pour rétablir le calme dans la l'empire ottoman et l'Europe entière, et favoriser le relèvement des finances turques, sans blesser en rien les susceptibilités du pouvoir.

Mais l'argumentation savante de M. Hanotaux, étayée sur des documents authentiques, nous range à son avis.

Nous reconnaissons donc que toute notre poli-tique doit reposer sur ce principe immuable, la nécessité de maintenir l'autorité absolue du Sultan en Turquie, et l'opposition formelle à tout contrôle de sa conduite dans ces limites. Les Arméniens ont provoqué les Turcs par leur attitude scanda-leusement inoffensive; et l'on peut espérer que les rigueurs de l'hiver, complétant les effets de la répression un peu rude, ramèneront une solution pacifique et définitive de la question arménienne.

Et puis, entre nous soit dit, c'était tout bonnement des agents anglais, se faisant torturer, dans le but inavouable d'exploiter le fanatisme religieux du peuple français, d'y développer l'esprit de croisade et d'arriver ainsi à troubler le calme et la félicité des États sous le sceptre de leur doux, généreux et impartial souverain. Quant aux autres, chrétiens et mahométans poussés à la révolte par la faim ou le désespoir, ils se rendent d'autant plus coupables, que tous les sujets ottomans en sont au même point : ils ne méritent donc aucune espèce de pitié, et nos tendances généreuses et humaines nous forceraient à prêter la main pour leur écrasement.

Les Européens doivent s'estimer trop heureux si le Sultan se contente de s'emparer de leurs biens. On ne saurait, en effet s'opposer à ce qu'il les traitât comme ses propres sujets — toute atteinte au pouvoir absolu et exclusif du calife compromettant l'intégrité du territoire, — l'évidence même de cet axiome se refuse à toute démonstration.

Si la joyeuse humeur d'Abd'ul Hamid se traduit parfois par un soufflet à notre diplomatie, il en faut sourire d'un air avisé : la philosophie est notre seule ressource.

Peut-être les misérables, qui ne partagent pas notre respect des attributions souveraines et se soulèvent sur tous les points de l'empire, finiront-ils par triompher sur leur suzerain. Si, entraînés alors dans quelque fâcheux conflit, nous y laissons des troupes, des millions, une partie de notre influence, nous aurons encore la consolation de voir le Commandeur des croyants accorder quelques nouvelles marques de sa faveur à M. Hanotaux, nimbé d'optimisme.

Qu'il nous soit permis d'espérer que le Grand Vizir nourrit, pour la France, des sentiments aussi chauds, aussi immuables, que ceux de notre ministre envers le padischah. Nous aurions ainsi un homme pour protéger nos intérêts, et rétablir notre prestige, singulièrement diminué dans tout l'Orient.

P.-V. Stock, imprimeur-éditeur, Palais-Royal, Paris.

www.ingramcontent.com/pod-product-compliance
Lightning Source LLC
LaVergne TN
LVHW022028080426

835513LV00009B/917